I0473183

RAHSIA KEJAYAAN PERNIAGAAN GAYA POS

Panduan Menjalankan Perniagaan Mail-Order
Walau Sekecil Mana Pun Modal,
Walau Hanya Anda Seorang Sahaja
Menguruskannya,
TETAPI TETAP BERJAYA!!

Muhammad Samsul Rizal Masron

DJRIZAL ENTERPRISE (001968676-P)

Hakcipta © Muhammad Samsul Rizal Masron &
        Djrizal Enterprise 2012

Cetakan Pertama 2012

Hakcipta terpelihara. Tidak dibenarkan mengeluar ulang mana-mana bahagian artikel, ilustrasi dan isi kandungan buku ini dalam apa jua bentuk dan dengan apa cara sekali pun, sama ada secara elektronik, fotokopi mekanik, rakaman atau cara lain sebelum mendapat izin bertulis daripada Djrizal Enterprise. Walau bagaimana pun, penggunaan isi kandungan buku ini untuk tujuan ilmiah tidak berasaskan keuntungan amatlah digalakkan.

Penerbit berusaha sedaya upaya memastikan buku ini mengandungi maklumat yang tepat dan berguna dalam setiap tajuk yang dibincangkan pada masa ia diterbitkan. Penerbit dan penulis buku ini tidak boleh dianggap memberikan khidmat perundingan atau khidmat professional kepada pembaca. Pembaca perlulah mendapatkan nasihat lanjutan dan khidmat profesional daripada pakar yang berkelayakan.

Muhammad Samsul Rizal Masron, 1979
Lulusan Diploma UTM 2001
Rahsia Kejayaan Perniagaan Gaya Pos
ISBN-13: 978-1470135607
ISBN-10: 1470135604

Teks: Book Antiqua
Saiz: 12 / 14

Diterbitkan Oleh:
Djrizal Enterprise
J-3-09 Apt Lestari, Jalan PJU 10/1B
Damansara Damai 47830
Petaling Jaya, Selangor, MALAYSIA
+603-61506647
admin@djrizal.com

Dicetak Oleh:
On-Demand Publishing, LLC (Kumpulan Syarikat Amazon)
info@createspace.com

Isi Kandungan

Daripada Pengarang

"Terima kasih kerana anda memilih untuk membaca buku Rahsia Kejayaan Perniagaan Gaya Pos ini. "

Penulisan buku ini mengambil masa yang sedikit panjang kerana ia ditulis berdasarkan pengalaman saya dalam perniagaan gaya pos. Sekiranya anda mahukan jalan pintas untuk berjaya dalam perniagaan dengan konsep ini, anda mungkin akan kecewa. Ini kerana dengan modal yang amat kecil, amat mustahil untuk saya bergerak pantas. Hampir kesemua langkah yang saya lakukan menggunakan modal yang amat rendah. Tetapi hasil kejayaan yang saya kecapi ini amat berbaloi dengan usaha yang saya lakukan. Anda boleh bergerak lebih pantas daripada saya sekiranya anda benar-benar faham dan komited dengan apa yang saya ingin kongsikan dalam buku ini.

Rasanya saya tidak perlu mengangkat buku ini secara keterlaluan kerana anda telah pun membeli buku ini dan sekalung tahniah saya ucapkan. Anda memegang buku yang betul sekiranya mahu berjaya dalam Perniagaan Gaya Pos.

Selamat membaca dan mengamalkannya.

Emaillah kepada saya untuk sebarang pertanyaan dan pendapat di samsulrizal@gmail.com.

Terima kasih dan salam hormat.

Muhammad Samsul Rizal Masron

Pengenalan Kepada Perniagaan Gaya Pos

Perniagaan gaya pos (mail-order business) [1]adalah satu konsep perniagaan yang mana proses jual beli berlaku sama ada melalui telefon, khidmat pesanan ringkas (SMS), faksimili, borang pesanan atau internet dan penghantaran produk yang dibeli oleh pembeli tersebut dihantar melalui pos. Ada ketikanya, produk tersebut dihantar ke cawangan terhampir dengan kediaman pembeli yang mana pembeli boleh memungutnya di cawangan tersebut.

Perniagaan gaya pos diperkenalkan oleh Aaron Montgomery Ward[2] melalui perniagaannya yang dikenali sebagai Montgomery Ward[3] pada tahun 1872. Konsep ini berkembang seiring dengan perkembangan teknologi maklumat sehingga daripada penyediaan katalog yang dicetak di atas kertas hinggalah sekarang ini menggunakan katalog internet melalui laman web.

Sungguh pun perniagaan gaya pos bergantung penuh kepada perkhidmatan pos di sesebuah negara, ada syarikat yang mempunyai pasukan penghantaran mereka sendiri. Syarikat-syarikat makanan segera seperti Pizza Hut[4] dan McDonald[5] menggunakan pasukan penghantaran mereka sendiri, begitu juga dengan Dell[6] iaitu sebuah syarikat pengeluar komputer berjenama Dell.

Mari kita bongkar Rahsia Kejayaan Perniagaan Gaya Pos.

---

[1] http://en.wikipedia.org/wiki/Mail_order
[2] http://en.wikipedia.org/wiki/Aaron_Montgomery_Ward
[3] http://en.wikipedia.org/wiki/Montgomery_Ward
[4] http://www.pizzahut.com.my
[5] http://www.mcdonald.com.my
[6] http://www.dell.com.my

Bagaimana Memilih Produk Yang Laris

Dalam perniagaan gaya pos, produk yang mudah untuk dipos boleh membuatkan perjalanan perniagaan anda lebih mudah. Sebenarnya hampir semua produk boleh dipos asalkan tidak melanggar polisi syarikat penghantaran. Bonus kepada usahawan yang telah mempunyai produk yang dipasarkan melalui kedai fizikal kerana mereka hanya perlu tumpukan kepada pemasaran produk tersebut. Berbeza dengan bakal usahawan seperti anda. Anda perlu terlebih dahulu memilih produk untuk diniagakan.

Seperti yang dijelaskan sebelum ini, produk seharusnya dalam kategori yang mudah untuk dipos seperti buku, pakaian, permainan, alatan sukan, peralatan komputer dan sebagainya. Sekiranya produk anda sukar sekali pun untuk dipos, fikirkan cara pembungkusan yang kemas dan selamat untuk menjaga kualiti produk anda supaya dapat sampai kepada pembeli dengan selamat dan tidak mengalami kerosakan akibat kecuaian pekerja syarikat penghantaran.

Pemilihan produk berdasarkan minat anda sahaja tidak mencukupi sekiranya tiada permintaan. Sebelum bermula, lakukanlah kaji selidik sama ada melalui kumpulan fokus di kompleks membeli-belah atau pun pungutan suara secara dalam talian. Dapatkan maklumat penting yang dapat membantu anda memilih produk dan juga perkara-perkara berbangkit pengguna seperti isu keselamatan transaksi.

Sekiranya anda tidak mampu melakukan kaji selidik ini, ada cara yang lebih pantas untuk anda mendapatkan maklumat tentang permintaan pembeli. Anda boleh menggunakan Google Keyword Tool [7]untuk mendapatkan jumlah carian

---

[7] https://adwords.google.com/select/KeywordToolExternal

produk tertentu.

Anda juga boleh menggunakan Amazon Best Sellers [8]untuk mendapatkan maklumat produk yang laris dijual di Amazon. Sekiranya laris di Amazon, besar maknanya ia paling laris di internet kerana Amazon merupakan salah satu kedai atas talian terbesar di dunia.

Satu lagi portal jual beli yang anda perlu beri perhatian adalah Ali Express[9]. Ali Express merupakan antara portal jual beli secara borong terbesar di China. Sekiranya anda berminat menjual produk buatan China, Ali Express adalah tempat yang baik selain pencabar dekat mereka iaitu DH Gate[10]. Produk buatan China dikenali umum dan berjaya menembusi hampir di kebanyakan negara maju dan membangun. Jangan tidak tahu, kopiah dan tasbih yang dijual di Mekah juga datangnya dari China. Cuba semak di bahagian Best Selling Wholesale Product dan Hot Categories di Ali Express dan Best Selling di DH Gate untuk mendapatkan maklumat produk yang laris di situ.

Selain itu anda boleh gunakan eBay Pulse [11]untuk mengetahui produk yang mendapat bidaan dan paparan yang tinggi. Seperti mana yang anda tahu, eBay merupakan antara portal lelongan atas talian yang terbesar di dunia. eBay juga menghimpunkan pembeli yang sememangnya mengunjungi laman lelongan mereka untuk tujuan membeli produk.

---

[8] http://www.amazon.com/Best-Sellers/zgbs/
[9] http://www.aliexpress.com
[10] http://www.dhgate.com
[11] http://pulse.ebay.com

Sumber Inventori Di Hujung Jari

Dalam perniagaan ada 2 jenis perniagaan yang utama iaitu jualan produk dan jualan perkhidmatan. Sekiranya anda mempunyai kemahiran tertentu seperti mereka bentuk laman web, mahir menulis, mahir melukis dan sebagainya yang berkaitan dengan perkhidmatan atau servis, anda boleh melupakan seketika proses pencarian sumber inventori untuk jualan kerana kemahiran anda sendiri merupakan produk jualan anda.

Tetapi bagi anda yang tiada kemahiran tertentu, jenis perniagaan jualan produk haruslah menjadi keutamaan. Kunci utamanya adalah sumber inventori anda haruslah daripada sumber yang boleh dipercayai untuk jangka masa yang panjang.

Saya pernah bersembang dengan seorang usahawan yang memiliki kedai sendiri di Damansara Damai tentang sumber inventori beliau. Beliau sanggup pergi sendiri ke China untuk bertemu dengan pembekal di sana dan membawa balik produk pilihannya ke Malaysia dan ada juga dihantar selepas beliau pulang ke Malaysia untuk mengelakkan lebihan bagasi semasa menaiki kapal terbang. Bukan itu sahaja, beliau sendiri berkongsi kemahiran beliau berurusan dengan pembekal di China dengan membawa rombongan atau individu yang berminat memborong produk dari China.

Untuk permulaan, saya tidak menggalakkan anda pergi sehingga ke negara China untuk mendapatkan produk. Apa yang saya cadangkan adalah dengan cara menjalinkan hubungan dengan syarikat atau individu yang menjalankan aktiviti import dan borong dari negara China. Lakukan pembelian sederhana untuk dijadikan sebagai inventori perniagaan anda. Apabila perniagaan semakin maju dan anda memerlukan lebih margin keuntungan, barulah anda mengikuti kumpulan ke China atau pun pergi sendiri.

Cara lain adalah dengan mendapatkan produk tersebut secara atas talian. Portal borong seperti Alibaba[12], Ali Express[13] dan DH Gate[14] adalah portal borongan yang sesuai. Namun anda akan mengalami sedikit kerumitan yang mana produk yang anda inginkan kadang-kadang boleh dibekalkan oleh lebih daripada seorang pembekal. Nasihat saya, jangan jadikan harga yang rendah sebagai faktor utama pembelian, sebaliknya, anda haruslah menjalinkan hubungan dengan penjual melalui aplikasi sembang yang disediakan di portal tersebut. Kemudian minta mereka untuk menghantarkan sampel supaya anda boleh bandingkan yang mana antara mereka yang menawarkan produk dengan kualiti terbaik pada harga yang munasabah.

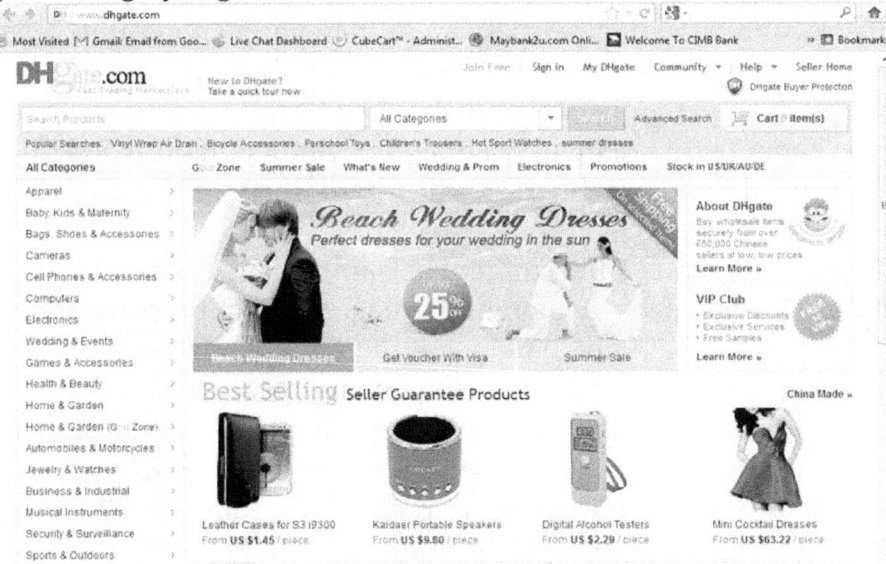

Gambar 1: Contoh Portal Borong DHGate.com

[12] http://www.alibaba.com
[13] http://www.aliexpress.com
[14] http://www.dhgate.com

Pastikan Perniagaan Anda Sah

Setiap perniagaan mestilah didaftarkan mengikut undang-undang negara anda. Bagi saya sebagai warganegara Malaysia yang menjalankan perniagaan di Malaysia, saya mestilah mendaftarkan perniagaan saya di Suruhanjaya Syarikat Malaysia (SSM)[15].

Anda boleh daftarkan perniagaan anda sama ada Perniagaan Milik Tunggal atau pun Perniagaan Perkongsian dengan melengkapkan Borang A dan dikemukakan kepada SSM dan biasanya mengambil masa 1 jam untuk perniagaan anda berjaya didaftarkan. Jangan lupa bawa kad pengenalan anda kerana ia diperlukan semasa proses pendaftaran.

Sesudah perniagaan anda didaftarkan, anda akan dapat menggunakan nama perniagaan pilihan yang anda pilih secara sah. Anda juga akan diberikan nombor pendaftaran perniagaan yang biasanya dihebahkan kepada semua melalui kad nama perniagaan anda supaya pelanggan tahu mereka berurusan dengan sebuah syarikat berdaftar.

Bagi Perniagaan Milik Tunggal biasanya menggunakan alamat rumah sebagai alamat perniagaan. Bagi perniagaan gaya pos, alamat yang baik dapat membina kredibiliti perniagaan. Saya cadangkan anda mendapatkan perkhidmatan pejabat maya yang terdapat di kawasan yang agak berprestij di kawasan anda. Ada beberapa syarikat yang menawarkan perkhidmatan ini pada kadar RM100 – RM400 sebulan mengikut pakej yang ditawarkan.

Selain alamat yang berprestij, satu faktor yang perlu dijadikan keutamaan anda perkhidmatan nombor telefon pejabat tetap

---

[15] http://www.ssm.com.my

yang dipindahkan ke telefon bimbit anda. Contoh aplikasi ini adalah sekiranya pelanggan ingin membuat sebarang pertanyaan atau pembelian, mereka akan menelefon nombor telefon pejabat maya, kemudian pegawai penyambut panggilan telefon akan menjawab dengan nama perniagaan anda seterusnya dipindahkan panggilan tersebut ke telefon bimbit anda. Dengan cara ini pelanggan anda mengandaikan anda memang mempunyai pejabat sendiri walau pun sebenarnya anda hanya beroperasi dari meja makan di rumah anda.

Begitu juga dengan nombor faksimili. Biasanya nombor telefon, faksimili dan alamat pejabat memang telah termasuk dalam pakej perkhidmatan pejabat maya.

Untuk mendapatkan perkhidmatan pejabat maya ini anda biasanya perlu menyerahkan dokumen pengenalan diri seperti kad pengenalan atau passport dan salinan sijil pendaftaran syarikat. Anda juga perlu menyediakan deposit tunai mengikut syarat yang ditetapkan.

Bagi anda yang mendaftarkan perniagaan di Lembah Klang, ada beberapa penyedia perkhidmatan pejabat maya di Menara Kek Seng, Menara Citibank, Menara Standard Chartered dan Jalan Sultan Ismail.

Sekiranya anda bercadang menggunakan katalog bercetak untuk menyebarkan produk yang anda tawarkan kepada bakal pembeli, daftarlah juga akaun email percuma untuk menerima tempahan. Beberapa penyedia email percuma yang baik seperti Gmail[16], Yahoo Mail[17], Hotmail[18] dan Mail.com[19].

---

[16] http://www.gmail.com
[17] http://mail.yahoo.com
[18] http://www.hotmail.com
[19] http://www,mail.com

Buka Gedung Membeli-Belah Atas Talian

Seperti perniagaan konvensional yang memerlukan kedai fizikal di pusat perniagaan setempat, perniagaan gaya pos juga perlu memiliki kedai sendiri sekiranya mahu mendapat capaian yang lebih baik. Kedai atas talian merupakan pilihan terbaik untuk bermula. Bukan sahaja lebih murah berbanding kedai fizikal, tetapi anda pasti seronok sekiranya dapat membangunkannya sendiri. Ia tidak sesukar mana, percayalah. Asalkan anda bertekun, ianya pasti mudah. Sekiranya anda tiada masa untuk mempelajarinya sedikit-demi-sedikit, anda boleh mendapatkan perkhidmatan pembina kedai online sama ada di Elance[20] atau pun Freelancer[21].

Tetapi sebelum anda berkira-kira untuk mendapatkan perkhidmatan pembina kedai online, ada beberapa perkara yang saya kira wajar untuk anda lakukan sendiri.

1. Nama Domain

Pertama, dapatkan nama domain untuk perniagaan anda. Nama domain mewakili alamat laman web anda. Ia adalah berasal daripada nombor IP yang panjang seperti 204.152.0.258 yang diterjemahkan kepada perkataan seperti djrizal.com yang mana manusia lebih mudah mengingati dan berurusan dengan perkataan berbanding nombor.

Ada 2 pendaftar nama domain yang saya sarankan iaitu GoDaddy[22] dan juga NameCheap[23]. Kedua-dua pendaftar

---

[20] http://www.elance.com
[21] http://www.freelancer.com
[22] http://www.godaddy.com
[23] http://www.namecheap.com

nama domain ini sentiasa menawarkan harga yang rendah sekitar RM30 setahun. Sebelum mendaftar, semaklah dahulu laman web mereka kerana mereka sentiasa menawarkan kupon diskaun untuk jangka masa tertentu.

Memilih nama domain ada kalanya satu proses yang remeh. Namun begitu, jangan ambil mudah proses ini. Ini kerana nama domain kelak yang akan menjadi barisan hadapan anda dalam perniagaan. Bayangkan sekiranya anda menjual buku tetapi anda menggunakan nama domain kedaikain.com, ini agak kekok dan mengelirukan pelanggan anda kelak.

Menggunakan nama domain dengan nama perniagaan adalah baik untuk pengembangan produk yang anda tawarkan kelak. Selain itu, nama perniagaan biasanya belum digunakan oleh mana-mana peniaga di internet. Tetapi jika nama syarikat anda panjang seperti Djrizal Global Domain Marketing Sdn Bhd, cukup sekadar anda menggunakan djrizal.com sebagai singkatan dan penjenamaan. Namun begitu, kerap kali nama yang ringkas ini telah dibeli oleh orang lain, jadi anda perlu memikirkan nama lain untuk mewakili perniagaan anda.

Menggunakan nama domain berdasarkan nama produk juga digalakkan, namun ia akan menjadi masalah kepada anda jika anda ada produk baru untuk dipasarkan. Masalah ini saya hadapai sendiri dengan nama domain majalahsolusi.com. Trafik laman jualan tersebut agak baik, jadi saya mengambil keputusan untuk menambah produk lain seperti buku di situ. Saya hanya bernasib baik kerana genre buku yang saya tawarkan masih serupa dengan kandungan majalah yang saya jual. Bayangkan jika saya mahu menjual jersi bola sepak, pasti pelanggan akan menganggap saya tidak berhati-hati dalam perancangan perniagaan saya. Rancanglah pemilihan nama domain dengan berhati-hati supaya anda tidak menyesal di kemudian hari.

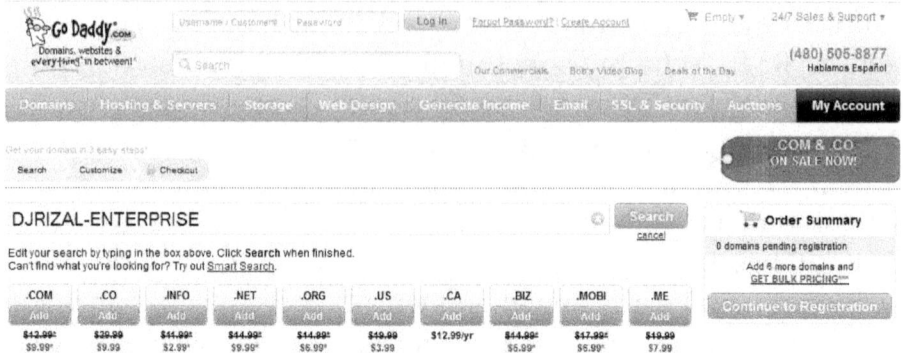

Gambar 2: Contoh Carian Nama Domain Di GoDaddy.com

2. Web Hosting

Kedua, anda perlu dapatkan satu akaun web hosting yang mampu menguruskan perniagaan anda. Kriteria seperti jumlah ruang data storan , jalur lebar (bandwidth), jumlah email yang boleh dicipta, jumlah pengkalan data MySQL atau SQL yang boleh dicipta dan aplikasi yang boleh digunakan oleh web hosting tersebut. Sama ada anda menggunakan pelayan bersistem operasi Linux atau Windows tidak menjadi masalah kerana kedua-duanya amatlah mudah digunakan.

Features Overview	
UNLIMITED Disk Storage	Unlimited
UNLIMITED Domain Hosting	✔
Free Drag and Drop Site Builder (NEW!)	✔
Free Domain Name (*)	One Year
Support International Domain Names	✔
POP3/POP3 Secure E-mail Support	Unlimited

Features Overview

IMAP/Secure IMAP E-mail Support	**Unlimited**
3 Different Webmail (Web Based E-mail) Solutions	✔
Forwarding E-mail Accounts	**Unlimited**
UNLIMITED GB of Site Transfer	**Unlimited**
Add-on Domains	**Unlimited**
Parked Domains	**Unlimited**
Subdomains	**Unlimited**
cPanel Account Control Panel	✔
FTP Access	✔
Web File Manager	✔
Secure Shell (SSH) Access	✔
Server Side Includes	✔
Hotlink Protection	✔
Override .htaccess Support	✔
Log Files	✔
Site Statistics	✔
Customizable Error Pages	✔
Custom Cronjobs	✔
Spam Assasin Protection	✔

CGI/Databases

MySQL Databases	✔
PostgreSQL Databases	✔
CGI-BIN	✔
CGI Library	✔
PHP 5	✔
Support for Custom PHP.INI Files	✔
Perl 5	✔
Python	✔
Ruby/Ruby on Rails	✔
MySQL 5 Database Server	✔
PostgreSQL Database Server	✔
Javascript Support	✔
DHTML Support	✔
Flash Support	✔
Shockwave Support	✔
SimpleScripts 1-Click Script Installs	✔

Free Website Scripts

Message Forum (PHPBB and More)	✔
Form-mail Scripts	✔

Features Overview

Social Networking Scripts	✔
Blog Support (Wordpress, b2evolution, ...)	✔
Mailing Lists	✔
Image Galleries (Coppermine and more)	✔
Poll and Survey Software	✔
Moodle	✔
Tikiwiki	✔
Drupal	✔
Joomla	✔
Project Management Scripts	✔
Help Center/Support Ticket Scripts	✔

E-Commerce Features

SSL Secure Server	✔
OS Commerce Shopping Cart	✔
Agora Shopping Cart	✔
Cube Cart Shopping Cart	✔
Zen Cart Shopping Cart	✔
Free Generated Certificate	✔
Password Protected Directories	✔

Features Overview	
OpenPGP/GPG Encryption	✔
Multimedia Features	
Streaming Video Support	✔
Streaming Audio Support	✔
Real Audio and Video Support	✔
MIDI File Support	✔
Add Custom MIME Types	✔
World Class Technology	
Dual Quad Processor Performance Servers	✔
UPS Power Backup	✔
Diesel Generator Backup Power	✔
Linux Operating System	✔
Customized Apache Web Server	✔
24/7 Network Monitoring	✔
Courtesy Site Backups	✔
Multiple 10 Gigabit Ethernet Connections	✔
Site Promotion	
Search Engine Submission	✔

Jadual 1: Contoh Web Hosting Yang Ditawarkan Oleh BlueHost.com

3. Sijil Secure Socket Layer (SSL)

Ketiga, dapatkan sijil Secure Socket Layer (SSL)[24] untuk memastikan transaksi di laman web anda lebih selamat. Antara penyedia SSL adalah VeriSign[25] dan GeoTrust[26]. Untuk menggunakan SSL, anda perlukan satu Dedicated IP.

	Secure Site Pro with EV	Secure Site with EV	Secure Site Pro	Secure Site
Security level	★★★★	★★★☆	★★★★	★★★☆
Trust level	★★★★	★★★★	★★★☆	★★★☆

Top 10 Security Features

	Secure Site Pro with EV	Secure Site with EV	Secure Site Pro	Secure Site
Encryption strength	128-bit minimum to 256-bit	40-bit minimum to 256-bit	128-bit minimum to 256-bit	40-bit minimum to 256-bit
Green address bar	✓	✓		
Extended validation	✓	✓		
Full organization authentication	✓	✓	✓	✓
Vulnerability assessment	✓	✓	✓	
NetSure® extended warranty	$1,500,000	$1,500,000	$1,250,000	$1,000,000

---

[24] http://en.wikipedia.org/wiki/Secure_Sockets_Layer
[25] http://www.verisign.com
[26] http://www.geotrust.com

	VeriSign seal			
VeriSign seal	VeriSign Trusted	VeriSign Trusted	VeriSign Trusted	VeriSign Trusted
VeriSign Seal-in-Search™	✓	✓	✓	✓
Daily Web site malware scanning	✓	✓	✓	✓
Free 24/7 customer support	✓	✓	✓	✓

Additional Features

Installation Checker	✓	✓	✓	✓
VeriSign Trust Center Account	✓	✓	✓	✓
Free revocation and replacement	✓	✓	✓	✓
Universal browser compatibility	✓	✓	✓	✓
Support for SAN (UC)	✓	✓	✓	✓
Support for IDN	✓	✓	✓	✓

Licensing for multiple servers	✓	✓	✓	✓

Pricing

1-year validity	**$1,499**	**$995**	**$995**	**$399**
2-year validity	**$2,695** *Save over $300*	**$1,790** *Save $200*	**$1,790** *Save $200*	**$695** *Save over $100*
3-year validity			**$2,480** *Save over $500*	**$995** *Save over $200*
30-day money back guarantee	✓	✓	✓	✓

Jadual 2: Perbandingan Sijil SSL Verisign

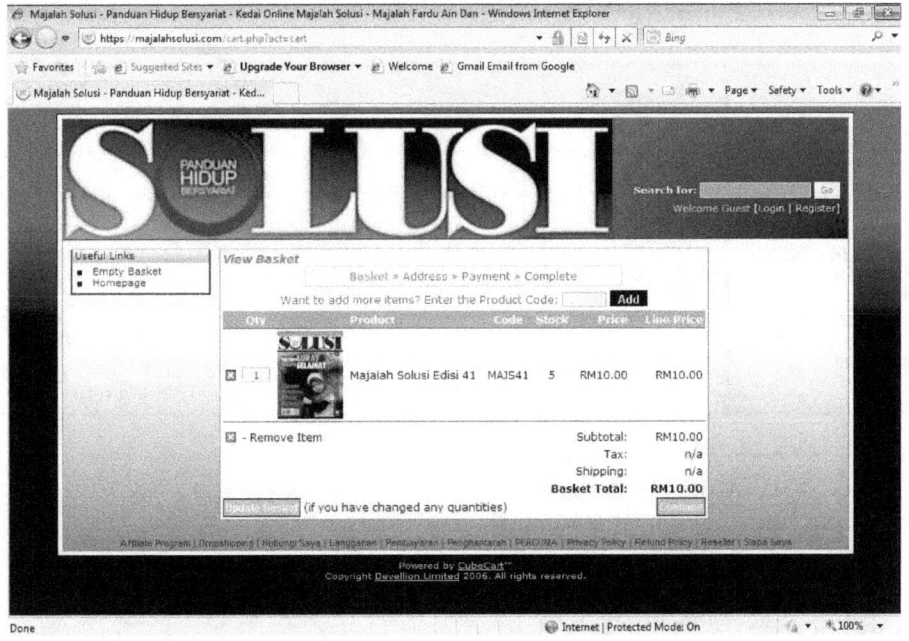

Gambar 3: Contoh Kedai Atas Talian Dengan Secure Socket Layer (SSL)

Sebenarnya anda tidak perlu mencari penyedia di banyak tempat, ini kerana GoDaddy dan NameCheap pun ada menyediakan semua keperluan yang saya nyatakan di atas ini. Dengan memilih hanya satu penyedia, ia akan lebih memudahkan pengurusan akaun anda.

Sekiranya anda mahukan lebih pilihan, HostGator[27] dan BlueHost[28] mungkin merupakan pilihan lain yang baik.

4. Akaun Penerima Bayaran (Internet Merchant Account)

Keempat, anda perlu mendapatkan akaun penerima bayaran atas talian (internet merchant gateway) untuk tujuan menerima bayaran. Terdapat 3 penyedia antarabangsa yang menyokong penggunaan matawang Ringgit Malaysia yang popular adalah PayPal[29], 2CheckOut[30] dan WorldPay[31]. Sekiranya anda mahukan perkhidmatan penyedia tempatan, Mobile88 (iPay88) [32]dan NetBuilder (NBE) [33]juga boleh dijadikan sebagai pilihan yang baik.

	PayPal		**WorldPay**	**NB e PAY**
	PayPal	iPay88	WorldPay	NBepay
Product Name	PayPal Website Payments Standard (Business)	iPay88 MYR Gateway	WorldDirect with Fraud Screening (Startup Offer)	NBePay Lite
Setup fee	Free	RM 488	Free	RM 400 (RM 200 for NBePay Premium)

---

[27] http://www.hostgator.com
[28] http://www.bluehost.com
[29] http://www.paypal.com/my
[30] http://www.2checkout.com
[31] http://www.worldpay.com
[32] http://www.ipay88.com
[33] http://www.netbuilder.com.my

	PayPal	*(iPay88 logo)*	WorldPay	NBePay
Subscription fee	Free	SME Plan: RM500 yearly SOHO Plan: Free	USD 140 for the first year (USD 280 for subsequent years)	RM 576 yearly (RM 1,188 for NBePay Premium)
Transaction fee	3.4% + RM2 if shopper is from Malaysia. Otherwise, it is 3.9% + RM2. Cheaper fee if monthly volume is high.	SME Plan: 3% SOHO Plan: 4%	3.95% + USD 0.10	4% (3% for NBePay Premium)
Deposit	✘	✘	✘	✘
Shopper pays in MYR?	✔	✔	✔	✔
Withdrawal method (most ideal way)	Transfer to local bank (on request)	Transfer to local bank (weekly)	Transfer to local bank	Transfer to local bank (weekly)
Payment hold period	None	5 working days	4 weeks	None
Withdrawal processing time	2-3 business days	Immediate	5-7 business days	Immediate
Minimum withdrawal	RM 40	RM 100	USD 180	RM 100
Withdrawal fee	Free if more than RM400. Otherwise it is RM3	Free	USD 18 per transfer for remittance (Does not include intermediary bank charges, if any, that may be levied by your bank.)	RM 2
Withdraw in MYR	✔	✔	✘	✔
Withdraw to Malaysia bank?	✔	✔	✔	✔

	PayPal	(logo)	WorldPay	NB ePAY
Cards supported	VISA MasterCard DISCOVER AMEX	VISA MasterCard	VISA MasterCard Maestro AMEX Diners Club International JCB	VISA MasterCard
Year founded	1998	2000	1993	1999
Country of origin	USA	Malaysia	UK	Malaysia

Jadual 3: Perbandingan Merchant Gateway Tempatan dan Antarabangsa[34]

5. Platform Kedai Atas Talian

Seterusnya, anda sudah boleh mula membina kedai atas talian anda sendiri. Sekiranya anda kekurangan modal untuk menggunakan kedai online berbayar[35], anda boleh menggunakan skrip kedai online Open Source[36].

Sekiranya pembinaan kedai atas talian seperti yang saya cadangkan merumitkan dan memanjangkan masa pelancaran kedai atas talian anda beroperasi, saya juga cadangkan anda menggunakan perkhidmatan kedai atas talian seperti yang ditawarkan oleh Lelong.my, eBay.com.my, Lot.my dan Easy.my.

---

[34] http://www.surf7.net/services/web-site-creation/hosted-e-commerce-package/payment-gateways-comparison/
[35] http://shopping-cart-review.toptenreviews.com/
[36] http://webtecker.com/2008/04/22/8-best-open-source-shopping-cart-solutions/

Gambar 4: Contoh Kedai Atas Talian Menggunakan Platform OpenCart

6. Autoresponder

Dalam kedai atas talian yang anda bina tersebut, sebaik-baiknya anda memasukkan sistem autoresponder yang boleh dilanggan secara bulanan daripada antara 2 penyedia autoresponder ini iaitu Aweber[37] dan GetResponse[38]. Saya menggalakkan anda memiliki salah satu antara 2 penyedia ini kerana reputasi mereka dalam menghantar email yang terbukti sentiasa masuk ke dalam peti masuk email

---

[37] http://www.aweber.com/?214458
[38] http://www.getresponse.com

pelanggan. Mereka juga mempunyai perkakasan yang boleh membantu anda supaya email yang bakal anda hantar tidak termasuk dalam kategori email sampah (spam).

Autoresponder boleh bertindak sebagai penghantar email berkala kepada pelanggan yang mendaftarkan email mereka untuk menerima email pemberitahuan daripada anda. Autoresponder juga boleh ditetapkan untuk menghantar email secara automatik dalam jangka masa yang anda tetapkan yang berupaya menjadi senjata terhebat anda seumpama jurujual yang menghantar email susulan (follow up) setiap hari, minggu atau bulan.

Gambar 5: Contoh Autoresponder Yang Dihantar Kepada Pelanggan Menggunakan ListWire[39]

---

[39] http://www.listwire.com

7. Pusat Khidmat Pelanggan

Begitu juga dengan sistem khidmat pelanggan. Sama ada anda memasangkannya sendiri di dalam pelayan anda atau pun menggunakan khidmat penyedia pusat khidmat pelanggan seperti Live Help Center[40], LiveZilla[41] dan Zopim[42].

Pusat khidmat pelanggan boleh dijalankan sama ada dalam bentuk tiket bantuan atau pun interaksi langsung. Dengan adanya interaksi langsung, anda dapat memenuhi keperluan pelanggan anda dengan lebih tepat dan terperinci serta ia akan meningkatkan kepercayaan pelanggan.

Gambar 6: Contoh Live Help Chat HostGator.com

---

40 http://livehelp.stardevelop.com
41 http://www.livezilla.com
42 http://www.zopim.com

Sediakan Katalog Produk Bercetak Berwarna

Dengan adanya internet, ramai usahawan mengabaikan cara asas untuk menyampaikan dan menyebarkan produk jualan syarikat. Anda jangan ketawakan saya jika saya katakan masih ramai yang suka dan tertarik untuk membeli dengan membaca katalog produk yang dipenuhi dengan produk dan dicetak di atas kertas berkualiti tinggi serta dalam warna sebenar produk.

Lihat sahaja kepada beberapa syarikat besar seperti Dell, Pizza Hut dan Mc Donald, mereka masih lagi menggunakan katalog bercetak yang dilampirkan bersama akhbar utama yang diedarkan kepada anda. Mengapa anda harus mengabaikan cara yang dilakukan oleh syarikat besar yang semestinya kajian keberkesanannya diuji oleh mereka dan mereka masih meraih jualan dengan cara tersebut.

Beberapa teknik dan taktik untuk memancing perhatian pembaca katalog yang wajar diamalkan oleh anda. Antaranya adalah seperti berikut:-

1. Tonjolkan Tawaran Terbaik Di Muka Hadapan

Pembaca mudah tertarik dengan tawaran paling istimewa yang ditawarkan. Contohnya, sekiranya anda menjual barangan komputer, anda perlu kenal pasti tabiat pembelian buat masa tersebut. Pernah satu ketika penjualan pen drive menjadi kegilaan pengguna komputer untuk penyimpanan data. Jadi, anda perlu tonjolkan tawaran terbaik bagi jualan pen drive untuk menarik pembaca untuk membuat pesanan. Anda perlu ingat, tujuan utama anda menyediakan katalog adalah untuk menarik pembaca datang ke kedai atas talian anda dan membuat pesanan.

2. Susunan Produk Yang Menarik Di Dalam Katalog

Susunan produk yang tidak teratur di dalam cetakan katalog boleh menghilangkan minat pembaca untuk terus membelek keseluruhan katalog anda. Saya kerap perhatikan walau pun katalog daripada syarikat besar, mereka mengabaikan teknik ini. Ada pula yang mengusun terlalu kemas hinggakan meninggalkan banyak ruangan kosong dalam katalog mereka. Ini amat merugikan. Rancang susunan katalog anda agar kemas dan mudah dibaca oleh pembaca.

3. Sediakan Kupon Diskaun Terhebat

Selain daripada teknik pertama tadi, anda boleh juga menyediakan kupon diskaun atas setiap pembelian atau untuk jumlah pembelian tertentu. Katakan anda sediakan kupon yang hanya sah digunakan untuk pembelian RM100 ke atas, pembeli kelak akan berusaha membeli barangan daripada kedai atas talian anda dengan nilai tersebut untuk menggunakan kupon diskaun tersebut. Tetapi anda perlu pastikan pembeli akan mendapat harga yang lebih baik berbanding pembeli biasa.

4. Edarkan Katalog Dengan Kos Terendah

Anda boleh peruntukkan sebahagian daripada kos operasi untuk pengedaran katalog sama ada ke rumah, pejabat atau di pasar raya. Tetapi kos ini boleh dikurangkan dengan pengedaran secara dalam talian. Selain daripada mengedarkannya kepada pelanggan sedia ada yang melanggan tawaran terkini anda melalui email, anda boleh juga memberi insentif kepada pelanggan sedia ada untuk mendapatkan pelanggan baru. Anda boleh mencipta program agen atau affiliate supaya mereka boleh diberikan insentif berdasarkan jumlah jualan yang terhasil hasil daripada pelanggan baru yang mereka bawa ke kedai online anda.

Gambar 7: Contoh Katalog Dalam Sisipan Surat Khabar

Rekrut Tentera Jualan Tanpa Had

Tentera jualan atau dalam dunia perniagaan internet disebut affiliater mampu membantu setiap perniagaan atas talian berkembang maju. Anda tidak perlu menggaji mereka secara tetap kerana mereka akan diberikan komisyen berdasarkan jualan yang terhasil. Ia sedikit berbeza dengan perniagaan biasa yang memerlukan sepasukan jurujual untuk memasarkan produk anda yang digajikan dengan kadar tertentu.

Kebanyakan platform kedai atas talian menyediakan kemudahan program affiliate ini. Ada yang anda terus boleh gunakan ada juga yang memerlukan anda untuk memasangkannya terlebih dahulu. OpenCart umpamanya telah tersedia di dalamnya dengan program affiliate. CubeCart pula anda perlu memasang terlebih dahulu program affiliate kemudiannya diselarikan dengan modul yang terdapat di dalamnya. Saranan saya sekiranya anda mahu bermula dengan cepat, dari awal lagi anda perlu fahami cara penggunaan dan pemasangan platform kedai atas talian OpenCart.

Setiap agen jualan anda akan diberikan pautan unik yang mewakili diri mereka. Contoh pautan adalah seperti http://majalahsolusi.com/affiliates/jrox.php?uid=cahaya.

Setiap trafik yang datang ke laman web anda melalui pautan ini, sekiranya jualan terhasil, agen ini akan mendapat komisyen seperti yang ditetapkan oleh anda. Anda bebas menetapkan kadar komisyen sama ada pada kadar rata atau pun mengikut peratusan hasil jualan.

Contoh pautan yang diberikan ini agak panjang, jadi anda

perlu cadangkan kepada agen untuk menggunakan perkhidmatan memendekkan pautan seperti Bit.ly, TinyURL.com atau Goo.gl. Tujuannya adalah untuk memudahkan agen mengingati pautan khas mereka dengan nama yang lebih pendek. Biasanya agen jualan ini turun menjadi agen jualan kepada usahawan internet yang lain, jadi proses ini memudahkan mereka mengenal pasti program yang disertai oleh mereka.

Tugas anda sebagai pemilik program affiliate adalah untuk merekrut seramai mungkin agen jualan dan memberikan panduan dan penerangan yang jelas kepada mereka. Bantuan kepada agen jualan sehingga mereka berjaya mendapatkan jualan harus dititik-beratkan. Ia bukan sahaja menguntungkan mereka malah sekali gus menguntungkan anda sekiranya jualan terhasil. Ramai pemilik membiarkan agen jualan mereka bergerak sendirian tanpa memberikan bantuan dan perkara ini agak kurang adil kepada mereka kerana seharusnya anda dan agen jualan sama-sama bekerjasama untuk mendapatkan manfaat antara satu sama lain.

Sekiranya anda tidak mampu memberikan penerangan dan bantuan kerana anda sendiri kekurangan ilmu tentang jualan, anda boleh berusaha mendapatkan laporan, e-buku dan tutorial yang boleh membantu mereka. Anda perlu berusaha mendapatkannya demi membantu agen jualan anda.

Anda perlu konsisten dalam jadual pembayaran komisyen. Jika boleh, anda selesaikan urusan pembayaran komisyen pada hari pertama setiap bulan. Secara logiknya, anda mendapat keuntungan hasil setiap jualan pada setiap kali pembayaran diterima, jadi amat dibimbangkan sekiranya anda menangguhkan pembayaran, hasil jualan tersebut digunakan untuk perkara-perkara lain pula. Rekod pembayaran yang baik akan membuatkan agen jualan kekal bermotivasi mempromosikan produk anda.

Trafik Ke Laman Jualan Pada Hari Pelancaran

Satu laman web memerlukan masa paling cepat 48 jam untuk tersenarai di enjin carian. Anda perlukan cara yang berkesan untuk mendapatkan trafik seawal hari pertama pelancaran laman jualan anda. Agak mustahil untuk anda mengamalkan pemasaran kos rendah kerana strategi ini hanya sesuai untuk satu jangka masa yang agak lama. Beberapa strategi untuk mendapatkan trafik yang pantas ini memerlukan anda mengeluarkan kos yang sederhana.

1. Pengiklanan Bayar Mengikut Klik (Pay-Per-Click)

Anda tentu biasa menggunakan Google[43], Bing[44] dan Yahoo Search [45]untuk mencari maklumat di internet. Kadang kala dalam setiap carian tersebut, di atas, tepi dan juga bawah carian tersebut terpapar juga iklan teks yang berkaitan dengan carian anda. Itu adalah salah satu pengiklanan Pay-Per-Click (PPC).

Dengan menggunakan PPC, iklan anda terus akan terpapar mengikut kata kunci yang anda mahu untuk terpapar sejurus selepas iklan anda diluluskan. Jika tiada perkataan yang dilarang dalam iklan anda, biasanya iklan anda akan diluluskan secara automatik.

Namun, sekiranya anda memilih kata kunci yang agak tersasar daripada produk anda, anda akan mendapat lawatan yang hanya singgah buat seketika dan tidak akan menghasilkan jualan sama sekali. Ini amat merugikan anda kerana harga untuk 1 klik biasanya bernilai antara 50 sen

---

[43] http://www.google.com
[44] http://www.bing.com
[45] http://www.yahoo.com

hingga setinggi RM10 malah lebih untuk kata kunci yang
popular. Jadi anda perlu berhati-hati dalam eksperimen kata
kunci untuk iklan anda.

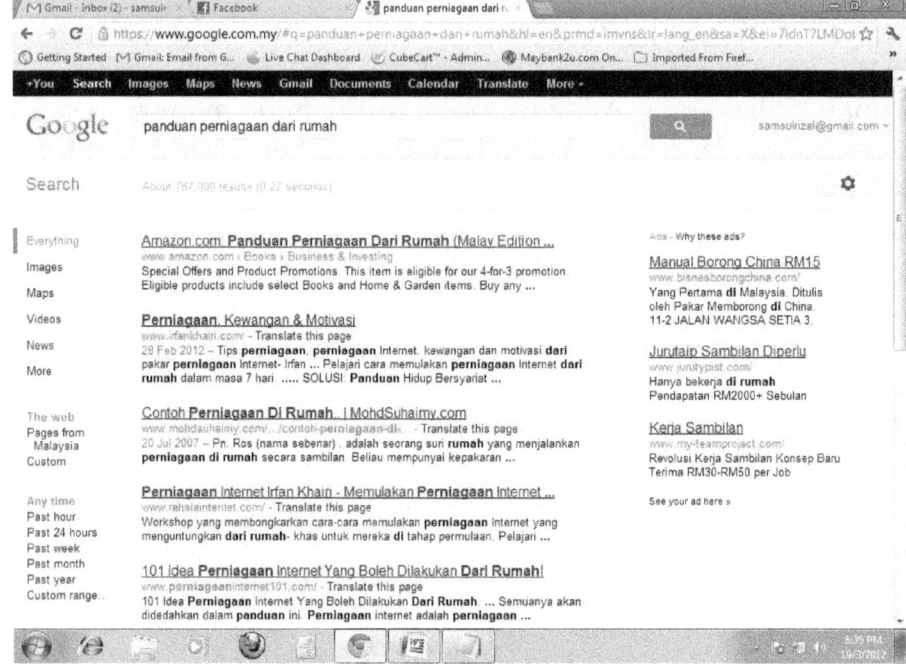

Gambar 8 : Contoh PPC Di Sebelah Kanan

2. Usahasama Dengan Usahawan Lain (Joint Venture)

Adalah bijak sekiranya anda dapat menjalinkan kerjasama
dengan usahawan lain sama ada yang turut menjual produk
dalam kategori yang sama atau pun berlainan. Setiap
usahawan yang telah lama berada dalam perniagaan gaya pos
mempunyai data pelanggan sedia ada dan pelanggan ini akan
sentiasa berminat untuk mendapat tawaran daripada mereka.

Oleh kerana anda akan bergantung harap dengan keupayaan
usahawan lain, seharusnya anda menawarkan faedah yang
setimpal dengan kematangan mereka dalam industri ini.

Sikap kedekut dan berkira harus dibuang jauh-jauh. Ini adalah untuk faedah perniagaan anda yang baru memulakan langkah pertama.

Apabila anda sudah memiliki pelanggan yang berpotensi serupa dengan usahawan tersebut, anda boleh jalinkan usahasama dengan usahawan lain pula untuk melebarkan lagi jaringan perniagaan anda. Jika anda mahu jalinkan usahasama untuk projek seterusnya dengan usahawan terdahulu juga digalakkan kerana perniagaan anda dan mereka berkembang hari demi hari dengan pelanggan baru yang berbeza latar belakang dan keupayaan membeli.

3. Trafik Dari Media Sosial

Saya yakin anda mempunyai akaun Facebook[46] atau Twitter[47] pada masa anda membaca buku ini. Walau pun jumlah rakan anda tidak sampai 5,000 rakan, anda mempunyai potensi menjana trafik daripada Facebook yang datangnya daripada rakan-rakan anda. Ia lebih baik daripada perjumpaan bersemuka yang anda biasanya akan menghadapi masalah penolakan daripada rakan. Paling tidak, mereka akan klik dengan pautan yang anda sertakan seandainya penerangan anda menarik perhatian mereka.

Namun saya ingin menarik perhatian anda supaya jangan sekali-kali melakukan kiriman semberono di dinding rakan anda dengan promosi produk anda. Cukup sekadar di dinding anda sahaja. Amalkan strategi 7 kali memberi info berguna kemudian pada kiriman ke-8 barulah anda kirimkan promosi produk anda. Jika pada 7 kiriman awal mereka mengikuti perkembangan anda, sudah pasti mereka ternanti-nanti produk yang digembar-gemburkan pada kiriman awal.

---

[46] http://www.facebook.com
[47] http://www.twitter.com

Bagaimana pula seandainya hari ini anda baru sahaja membuka akaun Facebook dan masih belum membina jaringan rakan-rakan?

Hal ini tidak menjadi masalah kerana Facebook menyediakan program pengiklanan berbayar menerusi Pay Per Click (PPC) dan Pay Per Impression (PPI).

Menerusi dua cabang pengiklanan yang ditawarkan oleh Facebook ini, anda boleh menetapkan sasaran paparan iklan anda berdasarkan jantina, lokasi dan lain-lain. Anda akan dapat lebih fokus dan sasaran kepada individu yang mempunyai kecenderungan ke atas produk anda berdasarkan maklumat yang mereka berikan di akaun Facebook mereka.

4. Hantar Email Ke Semua Orang

Cara ini jangan sekali-kali anda gunakan. Saya kerap mendapat email yang dihantar oleh seseorang yang saya yakin mereka membeli senarai email daripada pengumpul alamat email. Mereka menggunakan perisian khas untuk menghantar email secara pukal.

Apa yang jadi dengan email yang mereka hantar itu?

Kebanyakannya masuk ke dalam peti sampah atau junk mail di akaun email saya. Ini kita panggil Spammer. Seorang Usahawan Perniagaan Gaya Pos yang berjaya tidak mengamalkan spam.

Kekalkan Momentum Jualan Hebat

Wow! Sekarang anda sudah pun berjaya menghasilkan jualan pertama dengan strategi yang saya cadangkan dalam bab sebelum ini. Tugas seterusnya adalah untuk mengekalkan momentum jualan tersebut agar konsisten dan bertambah lagi.

Pernahkah anda beratur panjang untuk mendapatkan sebiji burger bakar kebelakangan ini. Ya, burger bakar memang sangat popular pada waktu buku ini ditulis. Orang ramai sanggup beratur panjang untuk mendapatkannya walau pun harganya agar tinggi berbanding dengan burger biasa.

Apa yang membuatkan burger bakar ini popular adalah cara menyediakan burger tersebut yang agak unik. Rasa burger bakar ini sebenarnya saling tak tumpah dengan burger biasa, tetapi kenapa orang ramai sanggup beratur panjang untuknya. Tidak lain dan tidak bukan adalah keunikan burger ini sendiri. Strategi ini juga boleh anda amalkan dalam perniagaan gaya pos.

Satu lagi contoh adalah sistem tempahan penerbangan Air Asia. Apabila sesuatu pengumuman diskaun diumumkan, jika anda mahu menempah sesuatu penerbangan pada waktu tawaran tersebut, anda perlu menunggu sebelum anda dibenarkan masuk ke bahagian tempahan. Bilik menunggu ini sama juga konsepnya dengan orang ramai yang beratur untuk mendapatkan burger bakar tadi. Anda dan orang lain pasti tidak mahu melepaskan peluang mendapatkan diskaun yang ditawarkan kerana anda sedar bahawa ramai orang lagi yang sanggup menunggu di bilik menunggu sama seperti anda.

Mari kita lihat bagaimana untuk mengekalkan momentum

jualan hebat anda.

1. Khidmat Selepas Jualan

Anda pasti mengharapkan pembeli produk anda datang kembali membeli daripada anda. Tetapi bagaimana untuk membuatkan mereka datang kembali kepada anda? Khidmat selepas jualan dapat membantu anda.

Dengan cara ini anda akan dapat pastikan pembeli merasai pengalaman terbaik menggunakan produk anda. Daripada perkara sekecil bantuan cara penyambungan kabel hinggalah kepada proses yang kompleks, pembeli akan rasa dihargai dan anda seolah-oleh memberikan tumpuan kepadanya walau pun pada hakikatnya anda memberikan khidmat ini kepada semua pembeli.

Sudah menjadi lumrah manusia apabila diberikan sesuatu perkhidmatan secara percuma, mereka akan sukakannya. Tidak pernah saya menjumpai sesebuah syarikat mengenakan caj ke atas khidmat selepas jualan mereka, semuanya telah termasuk dalam kos operasi syarikat mereka kecuali ke atas kerosakan yang berpunca daripada kelalaian pengendalian oleh pembeli.

2. Jaminan Produk Untuk Tempoh Yang Panjang

Kebanyakan produk mempunyai jaminan kerosakan dari 1 tahun hinggalah 3 tahun malah ada yang lebih daripada itu. Tempoh yang panjang bererti anda mempunyai hubungan dengan pembeli untuk jangka masa tersebut. Bayangkan apa yang anda boleh lakukan dengan masa itu.

Katakan pembeli anda tadi membeli sebuah komputer daripada anda yang mereka beli melalui portal Lelong.my. sepanjang tempoh jaminan tersebut ada perkara yang perlu mereka kemaskini dan tambah baik seperti antivirus, toner dan sebagainya. Mereka akan selesa untuk mengambil anda sebagai vendor kerana mereka selama ini mempunyai pengalaman yang baik bersama anda. Begitu jugalah dengan produk yang lain. Pastikan anda mempunyai produk sampingan yang hendak dijual bersama-sama dengan produk utama.

3. Promosi Yang Berterusan

Sikap sentiasa berpuas hati dengan pencapaian hari ini haruslah dibuang jauh-jauh. Sebaliknya azam yang kuat untuk memperbaiki prestasi jualan anda hari ini supaya menjadi lebih hebat untuk jualan akan datang mesti disematkan sentiasa dalam hati dan diterjemahkan dengan perbuatan anda semasa berniaga.

Begitu juga dengan promosi yang anda lakukan. Pastikan setiap promosi yang akan anda langsungkan kelak adalah tawaran terhebat pada masa tersebut yang tidak mampu ditolak dengan apa juga alasan oleh pelanggan anda.

Perancangan untuk kelancaran promosi juga harus dititik-beratkan. Kerap kali saya perhatikan sesetengah usahawan melakukan proses promosi yang terbalik. Apa yang saya maksudkan dengan proses yang terbalik adalah tawaran promosi yang sangat hebat dilangsungkan pada fasa terakhir. Katakan sepanjang tahun anda melangsungkan 4 sesi promosi, saya perhatikan, promosi fasa ke-4 adalah promosi gila-gila atau tawaran harga yang paling rendah berbanding fasa-fasa yang lain.

Bukannya tidak boleh, malah tidak dinafikan strategi ini amat berkesan untuk melariskan jualan. Hanya proses ini menjadi kurang adil kepada pembeli yang membeli pada fasa-fasa lain selain daripada fasa ke-4. Pembeli yang membeli lebih awal mendapat tawaran yang biasa-biasa, sebaliknya pembeli yang membeli diakhir tahun mendapat tawaran terhebat.

Jika anda pernah melakukan strategi begini, saya yakin anda mendapat jualan yang sangat banyak pada akhir tahun, namun percayalah, pada masa akan datang, jualan semasa promosi fasa 1 hingga 3 hanyalah sekadar menghasilkan jualan yang biasa-biasa sahaja kerana pembeli mahu menunggu jualan akhir tahun anda yang menawarkan harga gila-gila.

4.   Dapatkan Testimoni Pengguna Produk Anda

Satu perniagaan bukan sekadar berakhir dengan jualan. Pembeli dapat produk yang mereka mahukan, anda mendapat wang yang anda mahukan. Bukan begitu! Sebaliknya sebuah perniagaan yang mahu bertahan untuk satu jangka masa yang lama sentiasa mengekalkan hubungan dengan pengguna produk mereka.

Anda seharusnya mendapatkan kisah pengalaman pengguna produk anda. Sekiranya pengalaman yang baik, anda mintalah izin mereka untuk dimasukkan ke dalam lampiran promosi anda sebagai testimoni pengguna. Tetapi sekiranya pengalaman yang sebaliknya, tawarkan penyelesaian yang menguntungkan kedua-dua belah pihak. Biarlah rugi sedikit daripada rugi selama-lamanya kerana kehilangan seorang pelanggan.

Hakikatnya, anda bukan kehilangan seorang pelanggan, malah ia akan boleh menjadi kehilangan 10 lagi pelanggan. Sudah menjadi lumrah manusia, sesuatu perkara yang baik itu agak lambat untuk disebarkan berbanding perkara yang buruk. Banar juga slogan sebahagian usahawan "Jika sedap beritahu rakan, jika tidak sedap beritahu kami."

5. Mencuba Pendekatan Baru

Sekiranya pendekatan yang anda gunakan sekarang ini sama ada dari segi promosi atau cara jualan amat berkesan dan menghasilkan jualan yang anda sasarkan, jangan sekali-kali mengubahnya. Janganlah mengubah sesuatu yang sudah sempurna, jika diubah ia hanya akan memburukkan keadaan.

Namun, sekiranya jualan yang anda hasilkan setiap hari belum mencapai apa yang anda sasarkan, lakukan perubahan pada pendekatan sekarang. Perubahan ini tidak semestinya mengubah keseluruhan modus operasi anda, tetapi lakukan perubahan sedikit demi sedikit dan lihat perubahannya sehingga anda mendapat hasil yang anda sasarkan.

Perubahan pada penggunaan perkataan-perkataan tertentu pada lembaran promosi anda juga perlu dilakukan untuk menguji tahap keberkesanan kempen promosi anda. Kadang-kadang dengan mengubah perkataan "Belilah Pil Kurus Ini" menjadi "Jangan Beli Pil Kurus Sebelum Anda Mencuba Ini" boleh mengubah pendirian pembaca lembaran kempen anda sehingga mereka tertarik dengan kempen anda walau pun pada hakikatnya anda menjual produk yang sama untuk 2 lembaran kempen yang berbeza.

Bagitu juga dengan halaman web kedai atas talian anda. Lakukan perubahan yang memudahkan pembeli dan bukannya merumitkan lagi proses pembelian atas talian. Perubahan pada warna latar, ikon tertentu juga boleh dieksperimantasikan. Reka bentuk yang mengikut tema hari perayaan tertentu juga bagus untuk menaikkan jiwa perayaan kepada pengunjung laman web yang akhirnya menggalakkan mereka untuk membeli daripada kedai atas talian anda.

Motivasi Usahawan Gaya Pos Cemerlang

Perniagaan yang hebat biasanya dijalankan oleh usahawan yang sentiasa bermotivasi dalam setiap perbuatan mereka. Tidak kira apa juga keadaan ekonomi yang melanda negara mereka mahu pun seluruh dunia, mereka sentiasa komited dan bersemangat untuk meneruskan legasi perniagaan yang dibina.

Asas yang kukuh dalam pembinaan perniagaan boleh dijadi kunci utama untuk anda kekal bermotivasi meneruskan perniagaan. Sentiasa berpegang kepada kata-kata "Kerugian hanya sementara, keuntungan pasti datang bagi mereka yang berusaha." Tanpa usaha yang gigih, mana mungkin dapat membina sebuah perniagaan yang kukuh. Terus kekal dengan objektif penubuhan syarikat dapat memastikan anda berada di landasan yang betul pada setiap masa.

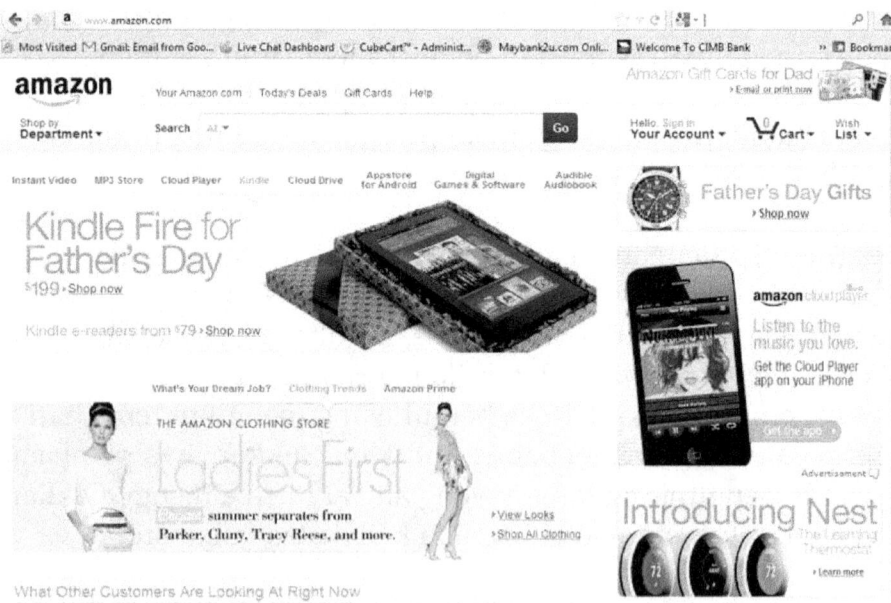

Gambar 9 : Amazon.com – Contoh Perniagaan Gaya Pos Terbesar Di Dunia

Kadang-kadang, individu terdekat dengan anda boleh dijadikan sumber inspirasi untuk anda kekal bermotivasi. Bayangkan wajah anak anda yang mengharapkan bapa atau ibunya berjaya dalam perniagaan hinggakan kelak boleh mewariskan perniagaan anda yang pada masa sekarang berada dalam kategori perniagaan gaya pos dari rumah kepada sebuah perniagaan sebesar Amazon.com yang mempunyai pelanggan dari seluruh dunia.

Idola atau mentor juga memainkan peranan dalam mengekalkan motivasi anda. Sekiranya anda belum mempunyai idola pada masa ini, carilah seseorang yang berjaya dalam perniagaannya untuk anda ikuti jejak langkahnya agar anda dapat berjaya sama sepertinya. Mendapatkan khidmat seorang mentor bertujuan memastikan anda terpimpin dalam perniagaan. Mentor boleh membantu anda memendekkan proses pembelajaran agar anda dapat menguruskan perniagaan mengikut acuan yang direka khas untuk anda berdasarkan pengalamannya.

Gambar 10 : Contoh Halaman Penjenamaan Menggunakan Facebook

Satu perkara yang sangat penting untuk anda ingati dan amalkan adalah sentiasa berfikiran terbuka dan sentiasa dahaga dengan ilmu perniagaan dan pemasaran yang baru. Contohnya, sekarang ini hangat diperkatakan tentang media sosial seperti Facebook dan Twitter untuk tujuan pembinaan jenama dan pemasaran, pelajari dan dalami strategi berkesan menggunakannya untuk perniagaan anda. Saya tidak dapat mengagak apakah fenomena yang akan berlaku dalam bidang perniagaan untuk 10 tahun akan datang, tetapi percayalah pasti ada cara baru untuk mengembangkan perniagaan yang perlu anda pelajari.

Perasaan tertekan dengan perniagaan juga boleh terjadi kepada anda. Anda harus bijak menggunakan terapi diri yang berkesan dan mampu membawa akan kembali kepada keadaan jiwa yang terbaik. Sebagai umat Islam, sentiasalah membaca Al-Quran, mengamalkan zikir-zikir dan mengerjakan solat yang terbukti mampu meredakan tekanan yang dihadapi pada waktu-waktu yang sukar.

Pergaulan dengan ahli perniagaan lain juga boleh memberikan anda buah fikiran yang baru di samping melebarkan jaringan perniagaan anda. Jangan malu untuk bergaul walau pun anda menjalankan perniagaan gaya pos dari rumah. Sebenarnya ada juga yang iri hati dengan anda kerana mampu bertahan menguruskan perniagaan dari rumah. Kongsi kisah kejayaan anda bersama mereka. sekiranya masih dalam proses menuju kejayaan, ambil kisah dan pendekatan yang mereka gunakan untuk membantu mengembangkan perniagaan anda.

Jangan pula lokek untuk membelanjakan wang syarikat anda untuk tujuan menghadiri seminar dan kursus yang berkaitan. Seminar dan kursus mampu menambahkan ilmu anda dapam perniagaan dan perkara-perkara yang diajarkan semasa seminar dan kursus. Ia juga boleh menambahkan kenalan dan sudah pasti melebarkan lagi jaringan perniagaan anda.

Sekiranya berkesempatan (mesti diusahakan), hadirlah ke expo-expo perniagaan untuk melihat peluang-peluang baru yang boleh mengembangkan perniagaan anda. Anda juga boleh bertemu dengan pembekal-pembekal baru yang mempunyai produk yang berprospek tinggi dengan menghadiri expo-expo. Contoh expo yang boleh anda hadir adalah seperti SME Expo, PC Fair dan lain-lain.

Gambar 11 : Contoh Expo SME Di Malaysia

Kisah Saya Dalam Perniagaan Gaya Pos

Setiap usahawan gaya pos ada kisah mereka sendiri, begitu juga dengan saya. Menguruskan perniagaan gaya pos memang sukar bagi saya kerana kekurangan modal. Saya bukan dilahirkan dari keluarga yang kaya, namun semua itu tidak mematahkan semangat saya untuk terus maju dalam perniagaan ini.

Kisah ini saya sediakan dalam bentuk soal jawab yang mana soalan ini telah pun disediakan oleh isteri saya, Nadia.

Nadia: Terima kasih kerana sudi ditemubual. Kita terus kepada matlamat kita, boleh anda kongsikan, bilakah anda memulakan perniagaan gaya pos?

Rizal: Terima kasih kembali. Saya mula menubuhkan sebuah perniagaan gaya pos pada tahun 2003. Sewaktu itu, produk yang saya jual adalah cakera padat album nasyid.

Nadia: Bagaimanakah cara anda memasarkan produk tersebut?

Rizal: Saya memasarkan produk tersebut menggunakan internet iaitu melalui laman web. Pada masa itu, saya menjalankan urusniaga menggunakan domain www.djrizal.com.

Nadia: Pernahkah anda mencuba cara pemasaran selain daripada menggunakan internet?

Rizal: Pernah. Saya pernah menggunakkan lembaran iklan atau flyer. Namun, sambutannya tidak sehebat menggunakan internet. Selain itu, saya ada juga menggunakan pemasaran melalui telefon. Dengan cara ini saya dibatasi dengan kemahiran komunikasi. Ada kalanya saya gugup menjawab soalan yang diajukan kepada saya. Menggunakan internet lebih mudah. Ia seumpama laman web berkata-kata bagi pihak saya.

Nadia: Apa perbezaan yang anda lihat tentang kemudahan internet dahulu dengan sekarang?

Rizal: Jika dahulu, tidak ramai usahawan di Malaysia menggunakan internet sebagai medium untuk memasarkan produk mereka. Jika ada pun, ia sekadar meletakkan gambar produk dan disediakan borang maklum balas. Namun sekarang, sesebuah laman web mampu menguruskan proses jualan termasuk proses pembayaran. Kalau dulu pembeli perlu pergi ke pejabat pos untuk membeli wang pos atau ke bank untuk memasukkan duit, tetapi sekarang semuanya boleh dibuat melalui laman web. Ia sangat mudah, cepat dan menguntungkan.

Nadia: Setakat hari ini, sehingga ke mana anda berjaya memasarkan produk anda melalui pos?

Rizal: Pelanggan saya yang paling jauh adalah dari Amerika Syarikat. Selain itu, saya pernah menghantar produk yang saya jual ke Australia, Sweden, Jepun, Indonesia dan Singapura. Pelanggan terbesar saya adalah dari pembeli yang berada di Malaysia.

Nadia: Sekiranya saya ingin menjalankan perniagaan gaya pos, apakah produk yang sesuai untuk saya?

Rizal: Buku! Buku senang dipasarkan dan tiada kekangan penghantaran ke seluruh dunia. Berbanding dengan produk lain, kadang-kadang ada sebilangan produk yang tertakluk kepada peraturan pengedaran terutama barangan elektrik.

Sekiranya pembekal telah melantik sesebuah syarikat menjadi pengedar tunggal, agak mustahil untuk anda memasarkan produk tersebut ke negara tersebut. Ia juga akan melibatkan yuran pelepasan kastam untuk produk tertentu.

Nadia: Selain daripada buku?

Rizal: Majalah!

Rizal: Saya memang tidak minat untuk membaca. Saya lebih gemarkan fesyen. Apa nasihat anda jika saya mahu menjual baju?

Rizal: Menjual baju pun bagus sebenarnya. Baju mudah dipos dan tidak mudah rosak jika dibandingkan dengan produk seperti aksesori komputer atau barangan elektrik. Anda perlu bijak memilih pembekal dan seboleh mungkin anda kurangkan kos operasi. Jika kos operasi anda kurang, margin keuntungan anda akan bertambah. Walau pun anda boleh meletakkan sebarang harga untuk baju tersebut, anda juga tidak lepas daripada terpaksa bersaing dengan penjual lain. Sekiranya perang harga berlaku, anda perlu bijak meletakkan nilai tambah kepada produk anda.

Nadia: Saya berminat untuk meneroka pemasaran melalui internet, apakah cara yang mudah untuk peniaga yang baru bermula seperti saya?

Rizal: Ada 2 jenis peniaga yang menggunakan internet. Pertama, penjual online dan yang kedua penjual e-dagang. Sebagai permulaan, anda seharusnya boleh menjadi seorang penjual online kerana seandainya anda berjaya menguasai strategi penjual online, anda tidak akan mengalami masalah menjadi penjual e-dagang. Penjual online yang saya maksudkan adalah menjual produk secara tidak terus. Anda akan mengiklankan produk anda di portal pengiklanan seperti Mudah[48] dan Craiglist[49]. Pembeli yang berminat perlu menghubungi anda untuk tujuan pra-pembelian. Seterusnya anda berikan arahan pembayaran dan mengaturkan penghantaran produk tersebut. Berlainan dengn penjual e-dagang, yang mana semua proses pembelian termasuk pembayaran dilakukan menerusi portal web. Contoh portal e-dagang adalah Ebay[50] dan Lelong[51].

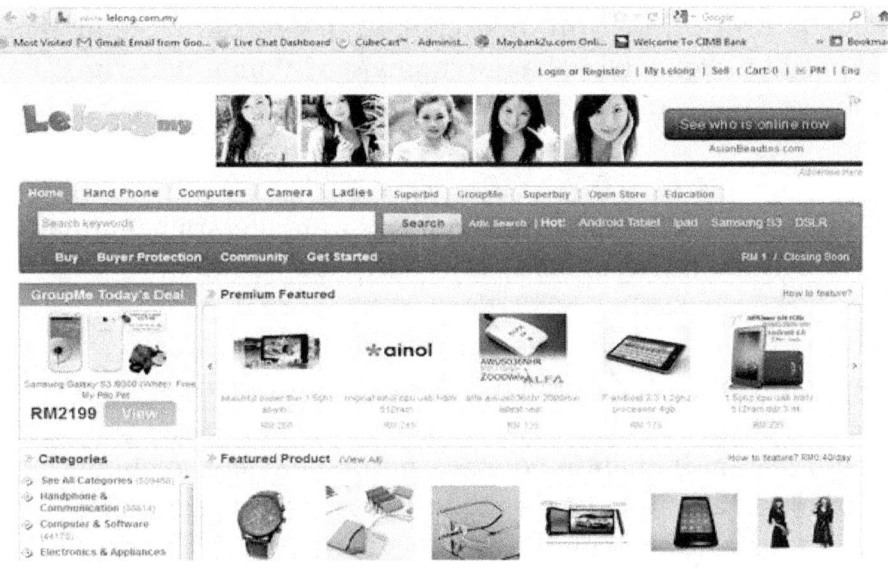

Gambar 12 : Portal Lelongan, Jualan dan Pengiklanan Lelong.com.my

Nadia: Saya ada masalah dengan modal permulaan. Ada atau tidak cara yang berkos rendah untuk saya memulakan perniagaan gaya pos?

Rizal: Ada. Tetapi anda tidak dapat memegang produk tersebut. Anda hanya boleh melihat gambarnya sahaja. Cara ini dinamakan dropshipping. Dropshipping ini mudah sahaja,

---

[48] http://www.mudah.my
[49] http://www.craiglist.com
[50] http://www.ebay.com.my
[51] http://www.lelong.com.my

anda perlu mencari syarikat yang menawarkan perkhidmatan dropshipping yang juga dikenali sebagai dropshipper. Dalam inventori mereka anda perlu memilih produk apa yang ingin anda jual. Kemudian anda promosikan produk tersebut sama ada melalui blog, Facebook atau laman web. Sekiranya ada pembeli yang berminat, anda perlu mengambil bayaran dan maklumat seperti nama dan alamat terlebih dahulu daripada pembeli tersebut. Setelah mendapat bayaran, anda kembali kepada dropshipper produk tersebut dan membuat tempahan di portal mereka. Di bahagian nama dan alamat penerima, anda perlu masukkan nama dan alamat pembeli tadi. Mudah kan?

Nadia: Wah! Saya semakin teruja sekarang, tetapi bagaimana saya hendak menerima bayaran daripada pembeli?

Rizal: Pertama sekali anda perlu mengetahui apakah cara bayaran yang diterima oleh dropshipper pilihan anda tadi. Kebanyakan dropshipper menerima PayPal sebagai cara pembayaran. Jadi anda boleh menerima bayaran melalui PayPal. Tetapi anda harus ingat, buat masa ini, transaksi dalam matawang Ringgit Malaysia hanya boleh diterima untuk pemegang akaun di Malaysia sahaja. Sekiranya dropshipper anda daripada dropshipper antarabangsa, pastikan matawang yang mereka gunakan terlebih dahulu. Biasanya dalam matawang US Dollar, Euro atau pun Pound Sterling. Anda ambillah bayaran menggunakan matawang tersebut. Cara lain adalah dengan deposit wang ke akaun bank anda. Sekarang ini sudah mudah, yang mana semuanya boleh dilakukan secara atas talian. Maybank[52] dan CIMB Bank[53] adalah antara bank pilihan kebanyakan pembeli dari Malaysia.

---

[52] http://www.maybank2u.com.my
[53] http://www.cimbclicks.com.my

Nadia: Adalah saya perlukan sebuah kedai atau pejabat untuk menjalankan perniagaan gaya pos?

Rizal: Saya sendiri belum ada kedai fizikal. Saya cuma ada kedai atas talian sahaja. Saya tidak fikir anda perlu memiliki sebuah kedai fizikal. Mulalah daripada rumah. Ambil ruang bilik ke-3 di rumah anda untuk dijadikan pusat operasi buat permulaan ini. Sekiranya ruang tersebut tidak cukup untuk menempatkan produk anda (boleh jadi produk anda besar), barulah anda fikirkan kedai yang murah untuk disewa. Dengan adanya kedai sebenarnya anda membuka satu lagi cabang pemasaran ke atas produk anda. Pembeli yang gemar melihat dengan mata mereka sendiri dengan lebih dekat sesuatu produk yang mereka mahukan, boleh datang terus ke kedai anda.

Nadia: Sebelum kita berakhir, apakah nasihat anda untuk mereka yang berminat untuk menjalankan perniagaan gaya pos terutamanya kepada pembaca buku ini?

Rizal: Tekun, sabar, berusaha dan sentiasa belajar. Saya sering mengingatkan diri saya sendiri bahawa tiada jalan pintas untuk berjaya. Sikap malas wajib dibuang jauh-jauh. Sentiasa membuka mata dengan peluang yang ada dan jangan malu untuk bertanya sekiranya ada perkara yang kurang difahami. Selalulah membaca artikel berkaitan perniagaan sama ada melalui portal direktori artikel, majalah atau pun forum atas talian. InsyaAllah anda akan berjaya dalam perniagaan gaya pos ini.

Nadia: Terima kasih atas perkongsian ini.

Rizal: Terima kasih kembali. Salam sukses buat anda dan semua pembaca

Soalan Lazim Tentang Perniagaan Gaya Pos

Soalan: Perlukan saya menubuhkan syarikat untuk menjalankan perniagaan gaya pos?

Jawapan: Ya, perlu sekiranya anda berhasrat untuk menjalankan apa juga perniagaan di Malaysia. Anda boleh daftarkan perniagaan anda di Suruhanjaya Syarikat Malaysia (SSM).

Soalan: Perlukan saya memiliki akaun bank syarikat untuk menerima bayaran daripada pembeli?

Jawapan: Tidak. Anda boleh menggunakan akaun bank persendirian untuk menerima bayaran tetapi akan berlaku kekeliruan kepada pembeli. Hal ini berlaku kepada saya pada awal permulaan perniagaan saya. Pembeli maklum bahawa mereka berurusan dengan sebuah entiti perniagaan tetapi apabila saya berikan maklumat perbankan kepada mereka, soalan yang diajukan kepada saya adalah mengapa mereka perlu memasukkan duit ke akaun bank saya tidak kepada akaun bank syarikat. Jadi nasihat saya adalah anda perlu memiliki akaun bank syarikat.

Soalan: Saya lihat ramai usahawan menggunakan blog untuk memasarkan produk mereka. Bolehkah saya menggunakan blog juga untuk memasarkan produk saya?

Jawapan: Boleh. Tetapi anda harus ingat bahawa pembeli adalah orang yang bijak. Mereka tahu untuk membangunkan sebuah blog seperti Blogspot[54] adalah percuma. Hanya satu kebimbangan saya iaitu tahap kepercayaan pembeli kepada

---

[54] http://www.blogger.com

anda. Tentu mereka tertanya-tanya mengapakah anda terlalu kedekut untuk mendapatkan nama domain dan web yang berbayar yang lebih nampak profesional. Sedangkan untuk mendapatkan nama domain dan web hosting hanyalah dalam lingkungan RM60 hingga RM100 setahun. Mana lebih elok antara 2 ini, www.djrizal.blogspot.com atau www.djrizal.com?

Gambar 13 : Contoh Kedai Online Menggunakan OpenCart dan Domain Berbayar .co dan Web Hosting Berbayar HostBig[55]

Soalan: Apakah platform shopping cart yang senang digunakan?

Jawapan: Saya lebih sukakan CubeCart[56] pada awalnya kerana ia memang mudah. Tetapi akhir-akhir ini saya cenderung menggunakan OpenCart[57] untuk cabang

---

[55] http://www.hostbig.com
[56] http://www.cubecart.com
[57] http://www.opencart.com

perniagaan saya yang terbaru. Platform pertama yang saya gunakan dahulu adalah shopping cart daripada perkhidmatan Small Business Yahoo[58] dan kemudiannya saya beralih kepada platform Open Source OsCommerce[59].

Soalan: Apakah cara menerima bayaran yang selamat dan murah yurannya?

Jawapan: Saya lebih suka pembeli mendepositkan harga produk ke akaun bank syarikat saya. Sekiranya pembayaran menggunakan kad kredit, saya sukakan PayPal[60] dan 2Ckeckout[61] adalah pilihan kedua. Cara lain adalah menerima bayaran melalui cek dan wang pos. Tetapi lama sungguh saya tidak menerima bayaran daripada wang pos. Rindu pula rasanya hendak melihat rupa wang pos.

Gambar 14 : PayPal Untuk Kegunaan Penjual dan Pembeli

---

[58] http://smallbusiness.yahoo.com/ecommerce/
[59] http://www.oscommerce.com
[60] http://www.paypal.com
[61] http://www.2checkout.com

Soalan: Syarikat penghantaran yang manakah yang rendah kadar harganya dan boleh dipercayai?

Jawapan: Setakat ini yang paling murah dan boleh dipercayai adalah Pos Laju[62] daripada Pos Malaysia[63]. Citylink Express[64] juga boleh dipercayai tetapi sedikit tinggi kosnya berbanding Pos Laju. Pos Laju juga ada banyak cawangan. Jika ada pejabat pos pastinya ada perkhidmatan Pos Laju. Sekarang ini ada pula Telco & Pos[65] yang turut menawarkan perkhidmatan kourier Pos Laju.

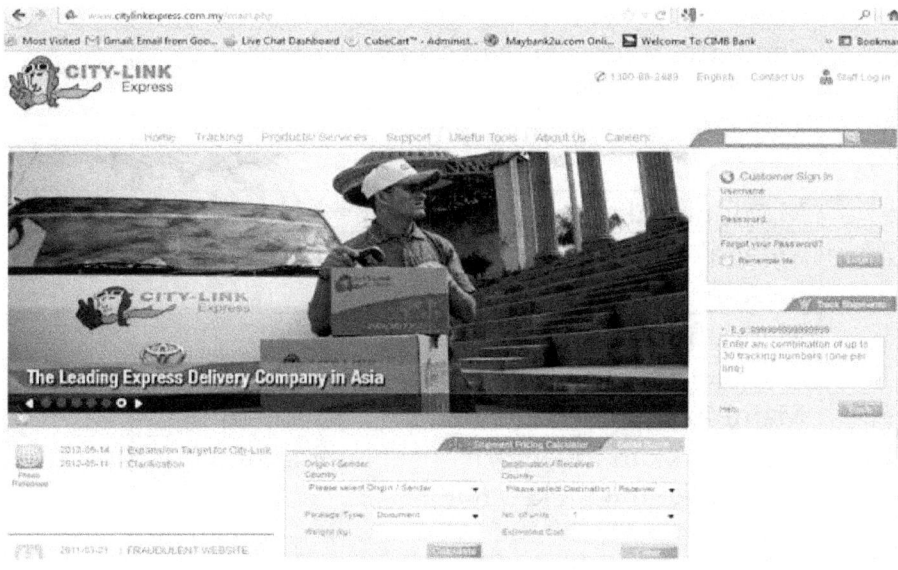

Gambar 15 : Antaramuka Citylink Express

Soalan: Hari apakah jualan banyak terhasil?

Jawapan: Tidak menentu. Bersedialah setiap hari.

---

[62] http://www.poslaju.com.my
[63] http://www.pos.com.my
[64] http://www.citylinkexpress.com.my
[65] http://pptpsmblog.intra.net.my

Senarai Semak Mudah Perniagaan Gaya Pos

No	Perkara	Jangkamasa	Catatan
1	Kajian produk yang laris di pasaran antarabangsa dan tempatan	4 minggu	
2	Pemilihan senarai produk yang hendak dijual	2 minggu	
3	Pembelian produk untuk dijual dan dimasukkan sebagai inventori	2 minggu	
4	Pendaftaran perniagaan dan syarikat	1 hari	
5	Mencetak kad perniagaan syarikat	1 hari	
6	Membuka akaun bank syarikat	3 hari	
7	Mengaktifkan perbankan internet untuk akaun syarikat	1 hari	
8	Mendaftarkan nama domain dan melanggan web hosting	1 hari	
9	Membina kedai atas talian	1 minggu	
10	Memasukkan inventori produk ke dalam kedai atas talian	2 minggu	
11	Promosi pembukaan kedai atas talian	4 minggu	
12	Penghantaran pembelian	1 hari selepas menerima bayaran	
13	Promosi kedai atas talian dan produk jualan	Sepanjang masa	

Jadual 4: Senarai Semak Mudah Perjalanan Perniagaan Gaya Pos

Penutup

Perniagaan Gaya Pos adalah sebuah perniagaan yang amat menguntungkan anda sekiranya dilakukan dengan tekun, sabar dan betul caranya. Tiada jalan pintas untuk berjaya. Tetapi anda tidak perlu menjadi seorang yang genius untuk berjaya dalam perniagaan ini. Ikuti panduan yang terkandung di dalam buku ini sebenarnya sudah memadai. Namun, sekiranya anda perlukan maklumat dan info tambahan, lakukan kajian sama ada melalui pembacaan buku yang lain atau pun menggunakan khidmat mentor atau konsultan.

Kadang kala halangan-halangan kecil membuatkan semangat kita luntur. Sentiasalah berfikiran positif kerana setiap masalah pasti ada jalan penyelesaiannya.

Bagi yang menjalankan perniagaan gaya pos secara separuh masa, pastikan anda memaklumkan kepada ahli keluarga agar mereka memahami komitmen anda selain daripada pekerjaan hakiki anda. Boleh jadi mereka dapat membantu anda dan mempermudahkan urusan perniagaan anda. Perniagaan semakin maju bermakna anda perlukan tenaga kerja tambahan. Utamakan keluarga sebelum anda mendapatkan khidmat tenaga kerja daripada orang luar.

Sekiranya anda ada sebarang persoalan dan perlukan pencerahan lanjut, tulislah email kepada saya. Alamat email peribadi saya adalah samsulrizal@consultant.com. InsyaAllah, saya akan cuba membantu anda sedaya yang boleh.

Terima kasih kerana membaca buku ini dan bacalah juga buku saya yang berjudul Panduan Perniagaan Dari Rumah.[66]

---

[66]http://www.amazon.com/Panduan-Perniagaan-Rumah-Malay-Edition/dp/1257033786

Penghargaan

Setinggi-tinggi syukur ke hadrat Ilahi kerana mengurniakan ilmu, bakat, isteri, anak, keluarga dan jaringan rakan-rakan yang hebat untuk menghasilkan buku Rahsia Kejayaan Perniagaan Gaya Pos ini.

Terima kasih khas buat isteri tercinta, Nadia Asha'ari kerana memahami minat saya atas penghasilan penerbitan ini dan sokongan yang tidak berbelah-bahagi.

Kepada anak pertama kami, Muhammad Yusuf Iman yang kurang meragam sewaktu saya menghasilkan penulisan buku ini. Semoga Iman lebih berjaya daripada abah harapnya.

Juga kepada kedua ibu bapa, Ayahanda Masron dan Bonda Bainah, adik-beradik, Rasidah, Salleh dan Rafidah kerana sentiasa menyokong perjalanan penerbitan ini.

Semoga Allah memberkati usaha penerbitan ini. Amin.

Bonus

Sebagai bonus kepada pembaca buku Rahsia Kejayaan Perniagaan Gaya Pos, anda boleh memuat-turun secara percuma buku elektronik tulisan saya yang pertama yang berjudul Panduan Perniagaan Dari Rumah. Anda hanya perlu Tweet di akaun Twitter atau Post di Wall Facebook anda tentang buku ini. Anda boleh memuat-turun buku ini melalui pautan web di bawah ini.

http://majalahsolusi.com/index.php?act=viewDoc&docId=13

Samsul Rizal

www.ingramcontent.com/pod-product-compliance
Lightning Source LLC
Chambersburg PA
CBHW071634170526
45166CB00003B/1322